Hairaan Zindagi

Lahana Sahoo

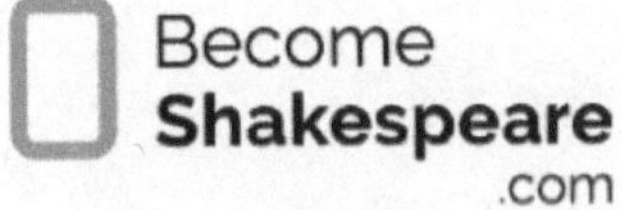

First published in 2021 by
BecomeShakespeare.com

One Point Six Technologies Pvt Ltd.
119-123, 1st Floor, Building J2, B - Wing,
WadalaTruck Terminal, Wadala East, Mumbai,
Maharashtra, India, 400022.
T: +91 8080226699

ISBN -978-93-90543-91-5

Dedication

Mai ye kitaab meri maa ko dedicate karna chahti hu. Shukriya maa mere har pareshaniyo me mera saath dene k liye , mujhe kabhi akela na chhor ne k liye.

Khuda usse mere hisse ki bhi khushi farmaye
Wo jo chahe aur jise chahe halat usko usise milwaye

Har pareshaniyo ko uske zindagi se dur bhagaye
Khuda usse mere hisse ki bhi khushi farmaye

Ishq ke safar par usse fir kabhi bewafai ka darr na sataye
Meri yaadein usse fir kabhi na tadpaye

Usse har halat sehne ki taqat farmaye
Khuda usse mere hisse ki bhi khushi farmaye

Mere har khwahisho ko hakikat me badal de wo
mukammal dua ho tum

Kehne ko ek bewafa nhi par ek shayar ki adhuri
mohabbat ho tum

Khayal aaj bhi aata hai tumhara
Par khud ko rok lete hai hum

Shikayat to bohot saari hai tumse
Par fir bhi kuch kehne se khud ko rok lete hai hum

Yun bin wajah bataye chhor diya tha usne mujhe
Har sawalo k beech dabi padhi soch rahi thi ye aakhir
kiya hi kyu tha usne

Agar jana hi tha meri zindagi se to bina soche yun
muskurate huye aye hi kyu the
Khud pr agar yakeen nahi tha to haa pyaar hai mujhe
tumse ye bolte hi kyu the

Na tujhse narazgi hai aur na hi nafrat
Ye to bass mera dil hi janta hai ki tujhse aakhir mera
rishta kya hai
Na tha koi waada saath nibhane ka ya saath chalne ka
Par fir bhi iss mohabbat se mujhe koi gila nahi

Kuch pal tera saath kya naseeb hua iss duniya me akele
rehne ka mujhe koi gum nahi
Agar badhti umra me ek dusre ko yaad karna hi hamari
kismat hai to haa ye bhi manzoor hai mujhe

Agar bandh kamre me tumhari yaado ke saath guzaara
karna hi meri taqdeer hai to haa ye bhi manzoor hai
mujhe

Suna hai tumhe bohot yaad aati hai meri
To kya meri yaadein tumhe satane lagi hai

Suna hai neend aadhi reh jati hai tumhari
To kya ab tumhe sapne nahi aate meri

Suna hai akele me rote ho tum
To kya tumhe ye tanhai darane lagi hai

Suna to bohot kuch hai par kya yakeen kar lu mai
Mere dil me hazaro dard chhupe hai to kya unhe mita du
mai

Kya firse tumhari yaadein mere dil me aane du mai
Kya ek hone ke hazaro sapne dekhu mai

Kya firse toot kar bikhad jane ke liye khud ko taiyar karu
mai

Kho diya hai tumne mujhe yun tod ke mera dil
Ab na rahe tum wo shaks jise kabhi chaha tha ye dil

Pyaar ke silsile ko tumne nafrat ke aag me kiya hai tabdil
Aur khoya to tumne bhi hai sazishe rachte rachte apna
ek pyaara sa dil

Khwaabo ki duniya me mere aaj kuch dhul si padhi hai
Tumhari yaadein aaj bhi mere dil me apna ghar basa k
baithi hai

Tum to kuch behtareen ke talash me aage nikal gaye
Aur mai wahi toote huye dil ke tukre samet te huye
pichhe akeli reh gayi

Socha tha hamara safar bohot aage tak chalega
Par manzil yahin tak thi to saath bhi chhut gaya

Ab to hasi ke pichhe bhi sau dard chhupe rehte hai
Yeh hakikat ki duniya hai yahan aksar
kuch khwaab adhure hi reh jate hai

Mujhe auro ki tarah samjha na karo dil bohot dukhta hai
Maine tumhare daulat ko nahi sirf tumhe chaha hai

Kya sirf yehi mera kasoor hai
Mohabbat ke charche to hamare bhi hote the

Par wo mashoor ke jagah badnaam zyada hote the
Ab to bass ek hi aarzoo hai tumse ki mujhe aur tadpaya
na karo

Mujhe auro ki tarah samjha na karo
Mujhe yun bewafa kaha na karo

Yun har dafa mere jazbaato ko tum thukraya na karo

Kaash tu agar mujhe ek baar samajh pata
To shayad thoda sa waqt nikal kar tune mujhe diya hota

Yun zindagi ke safar par mujhe akela na chhora hota
Khushiyon k badle mujhe yun tanhai se na milaya hota

Kaash tu agar mujhe ek baar samajh pata
To shayad mere jazbaato ko yun andekha na kiya hota

Yun har dafa mere dil ko tune ghayal na kiya hota
Sare aam mere pyaar ko yun thukraya na hota

Kaash tu agar mujhe ek baar samajh pata
To shayad tera mera kissa kabhi alag hi nahi hota

Agar tum meri zidd hote to tumhe pane ke liye sab hadd
par kar deti
Iss zindagi me tumhe kisi aur ka na hone deti

Mujhe chhor kar jane ka tumhe ek bhi mauka na deti
Agar tum meri zidd hote to tumhe pane ke liye sab hadd
par kar deti

Yun tumhe jaan se anjaan na banne deti
Tumhare dil se mere pyaar ko kabhi mitne nahi deti

Tumhare aankho me kisi aur ke liye agar chahat nahi
dekhti to tumhe meri zindagi se kabhi jaane nahi deti

Agar tum meri zidd hote to tumhe pane
ke liye sab hadd par kar deti

Tumhe saari zindagi ke liye apna nhi bana sakti to kya
hua tumhe dur se chah to sakti hu na

Tumhe apne rang me rang nahi sakti to kya hua mere
sapno me tumhe apna bana to sakti hu na

Tumhe har pal chhu to nahi sakti to kya hua yaadon me
tumhare baahon me aa to sakti hu na

Tumhare mushkilo me paas rehke sab thik ho jayega mai
hu na ye keh to nahi sakti to kya hua dur reh kar dua to
kar sakti hu na

Mere pasand kiye huye shaadi ke kapdo me tumhe dekh
nahi sakti to kya hua mere dekhe huye har khwaab me
tumhe mehsoos to kar sakti hu na
Tumhe har pal apna keh to sakti hu na

Haathon me kalam uthaya hai
Aankhein thodi nam hai
Chehre par aaj muskaan bhi
Na ke barabar hai
Dur hai wo chehra aaj mujhse
Jo kabhi mere dil ke bohot kareeb tha
Na jaane kyu par ye halat sehna bhi bohot mushkil tha
Jis ke liye ye dil kabhi dhadakta tha
Aaj wahi ye dil me nahi rehta
Jo kabhi mujh par marta tha
Aaj wo murkar bhi nahi dekhta
Pyaar ko yaadon me badalte der nahi lagti
Kya se kya ho jaye iss baat ki kisi ko khabar nahi rehti
Jo kabhi meri jaan hua karta tha
Aaj usse hi jaan ka khatra hai
Har din kaatil ban ke mere sapno me jo aata hai

Koi bhi mukaam hasil karna nahi hota itna asaan
Apno ke liye hasna padhta hai chahe aap ho andar se
kitne bhi pareshaan
Aage badhne ka khayal kabhi apne dimaag se hatao nahi
Har mushkile sehte raho par kabhi rukna nahi
Logo ki bheed me gum hona sabko pasand nahi
Khali jeb me haath daal kar ghumna bhi sabko aata nahi
Utha kar sar ab kisi ko phirse jhukna nahi
Kamiyabi ek din milegi zaroor iss liye sehte raho par
kabhi rukna nahi

Mere jazbaato ko usne fareb kahan
Mere behte huye aansuo ko usne dhong kahan

Jo na samjha usse uss shaks ko usne apna banaya
Aur jisne diya tha apna dil usse apna

samajh kar aaj ussi ke samne kisi aur ka haath thame wo
nazar aya

Waade to sachhe the tere
Par shayad nibhane ka jazba nahi tha

Pyaar to hamare beech tha beshaq
Par duniya ke samne tujhe lana nahi tha

Haq jatana aata tha par mohabbat dikhana nahi
Shayad tujhe ishq ke naam ka sirf chadar udna tha par
asli ishq nahi

Kisi gair ke sang ho kar bhi usne kaam ka bahana sunaya
mujhe
Khud galat ho kar bhi usne har dafa sirf kosa hai mujhe

Khud bewafai ke rah par chal kar bhi usne bewafa kahan
hai mujhe
Kyu uske adaalat me har baar uparwale ne sirf ek mujrim
hi banaya hai mujhe

Galti se hi sahi par mujhe ek baar pukaar liya hota
Anjane me hi sahi par ek baar pichhe murkar mujhe
dekh liya hota

Sare aam mere jazbaato ko agar tumne yun thukraya na
hota
Din raat tumne mujhe agar yun rulaya na hota
To ye dil sari umra ke liye sirf tumhara hota

Tumhare aankho se tapakta hua aansu sidhe mere dil ko
chhuta hai
Mere ruh ko noch apne girne ki wajah puchta hai

Saare gile sikhwe bhool phirse mere saath khushi ke
sapne dekhna chahta hai
Phir kyu wo apne soch se pichhe mur jata hai
Kyu wo apna wajood khone se darta hai

Tujhe to thik se ruthna bhi nahi aata
Mere liye apni mohabbat ko sare aam zahir karna bhi
nahi aata

Apne zubaan se mere liye kahe huye jhoote alfazo ko
tujhe sacchai ke chadar me lapetna bhi nahi aata
Meri jaan tujhe to thik se dikhawa tak
karna bhi nahi aata

Dastaan - e – zindagi ab kuch ajeeb sa hai
Jise dekho wahi aaj kal kuch madhosh sa hai

Koi pyaar ka maara to koi zindagi se haara
Maano ya na maano par yahan har dil hai bechara

Kisi aur ki tareef bhi kar sakte the hum
Par kisi ki taraf aankh utha kar kabhi dekha hi nahi
humne

Aur tumhare chhor jaane par kisi aur ke baahon me bhi
ja sakte the hum
Par kya kare tumhare alawa iss dil me kisi ko aane hi
nahi diya humne

Apno ko paraye aur parayo ko apna bante dekha
Asaan si zindagi ko maine battar se battar hote dekha

Har waqt baaton me mashgool rehne
wali ladki ko maine khamosh rehte huye dekha
Na jaane iss zindagi ke safar me maine kya kuch nahi
dekha

Meri shayri padh tumhe sab yaad to aa raha hoga na
Kaise tumhe apne rooh me basaya hai maine ye samajh
to aa raha hoga na

Tumhare bina meri zindagi me ab koi maza nahi ye
dikhai to de raha hoga na
Mere toot kar bikhadne ki khabar
tumhare kaano tak pahunch to raha hoga na

Meri shayri padh tumhe sab yaad to aa raha hoga na

Jo chhor gaya hume usse phir se wapas bulana kyu
Jo beet gaya usse phir se dohrana kyu
Jo muskurahat ko dard me tabdil kare usko dubaara ye
mauka dena kyu

Jo mera haath chhor kisi aur ka haath
thame uska intezar kyu

Mujhe to bass usne bure waqt ka ek hissa samjha
Apni zindagi se usne mujhe hamesha koso dur rakha

Bahane aur apni baaton se usne mujhe har dafa yun
uljhano me rakha

Meri aankho ki sacchai ko kahin padh na le iss liye usne
apne aankho ko mujhse dur rakha

Mujhe to bass usne bure waqt ka
ek hissa hi samjha

Uska mujhe yun aap bolna mera guroor hua krta tha
Meri kahi hui baaton pe uska yun sharmana mere liye
suroor hua karta tha
Mere ruthne par uska yun manana mere liye ek haseen
khwaab hua karta tha
Uske itna sab karne par bhi usko yun jhutlana mere liye
to bass ek bhool hua karta tha

Jo jaag kar bhi sone ka dikhawa kare
Usko jagaye kaise
Jo sab kuch dekh kar bhi andha bana rahe
Uske aankho me roshni laye kaise

Jo judaa hone ke liye humse rutha rahe
Usko manaye kaise
Aur jo zindagi ke safar me kisi aur ko chune
Usko aakhir apna banaye kaise

Pyaar me bhi ab sukoon kahan
Dil nahi tootega iss baat ki bhi ab umeed kahan
Jise bhi apna mana usne hi dhokebaazi ka swaad
chakhaya
Yahan koi apna nahi hota ye aakhir mere apno ne hi
mujhe sikhaya

Ishq ne mujhe duniya daari samjhaya
Har chehre ka asli rang dikhaya

Logo ki soch ko padhna sikhaya
Aur tumse judaa kar ke mujhe khud
se milaya

Saath rehna nahi chahte the to bata dete
Yun dikhawa karne ki zaroorat kya thi

Aur chand lamho ko suhana bana kar
Mujhe yun hamesha ke liye tadpane ki zaroorat kya thi

Ye waqt hai ki guzarta nahi
Dard paane ka silsila hai ki mit ta hi nahi

Khud se nazre milane ki ab mujhme himmat nahi
Kyu insaano ko parakhne ki mujhme samajh nahi

Pyaar se nafrat karne ki khata bhi na kar payi
Khud ko khud se dur karne ki saza bhi na de payi

Usko apna bana kar khud ko khushiyon se na bhar payi
Mera dil todne par usko bewafa ka naam
bhi na de payi

Rishta khatam ho gaya mera unse
Ab ye dil ka haal kise batau

Mujhe samajh kar bhi wo na samajh bane rahe
Ab iss halat ke liye mai kise galat thehrau

Lambi imarate banane chale ho
Par usme rakhoge kise

Saari umra to paiso ke pichhe lagaye ho
Ab dil ka dard bataoge kise

Chaukanne ho jao sab ki nazar ab tum par hai
Tumhe mitane ki koshish ab sab ke dilo dimaag me hai

Kamiyaabi ka rasta chunna bhi ab kitna mushkil hai
Jo datt ke samna kar paye bass wahi yahan ka raja hai

Aankho se behte huye aansuo ne faila diya tha uske
aankho ka kajal

Aur tod kar uska dil chhin liya kisi ne hamesha ke liye
uske sar par se pyaar ka ek pyaara sa aanchal

Sunne me aya hai mere har chhote bade khwahisho ko
usne pura kiya hai

Magar mujhe nahi kisi aur ko usne khushiyon se bhar
diya hai

Maat koso mere pyaar ko
Jo aaj kisi aur ki jaan hai

Mai aaj jo bhi hoon
Wo sab aakhir usiki badaulat hai

Uska jana pehchana chehra bhi ab mujhe anjana sa lagne
laga hai
Mere pass rehke bhi wo mujhse koso dur hone laga hai

Mere jazbaat aur pyaar ko wo har dafa thukrane laga hai
Lagta hai wo kisi aur ko apne baahon me
bharne laga hai

Dimaag ne to samjhaya mujhe lakho dafa
Phir bhi ye dil baaz kahan aya

Apna kar usse zindagi me fir ek baar
Halat ne mujhe hamesha ke liye bejaan banaya

Wo anjana chehra na jane kaise meri raaton ki neend
churane laga
Apne saare uljhane bhool wo mujhe kaise apni baahon
me bharne laga

Apni khushbu se na jane kaise wo mujhe yun behkane
laga
Meri khwahisho ko apna bana kar na jaane wo kaise
mujhe yun pagalo ki tarah chahne laga

Zindagi ke uljhano me ulajh kar
mai zindagi jeena bhool gayi hoon

Aur tumse milne ke baad mai dil khol kar
hasna bhool gayi hoon

Ayi hoon tumhare sheher
tumse milne mai phir ek baar

Har wo sawal puchhne
jo chhut gaya tha adhura uss baar

Azaad panchhi ki tarah udna chahti hoon mai
Khule asmaano me khwaab dekhna chahti hu mai

Baaz ban ke aaj milne aao mujhse
Unchi udaan ki taqat do mujhe

Udna chahti hoon tumhare saath mai
Khule asmaano me khwaab dekhna chahti hu mai

Iss zindagi ke safar me tum hosla buland rakho
Aage badhne ki chah tum apne andar barkarar rakho

Agar koi saath na de tumhara to fikar maat karo
Mehnat ka phal meetha hota hai ye tum
hamesha yaad rakho

Mujhe chhor kar chale jane ke baad mere yaadon ko
zinda dafnane to aaoge na
Mujhse pyaar karne ke baad kisi aur se pyaar to kar
paoge na
Mujhe yun tanhai me chhor tum sukoon ki saans to le
paoge na
Mere khayal apne dil se muskuraate huye tum nikaal to
paoge na

Agar laut rahe the sab se milne ko
To achanak yun murkar kyu chale gaye

Chhor kar apni yaadein hamare dilo me
Kyu hume yun zinda dafna gye

Kitna achha hota agar un chehro me se ek chehra
tumhara bhi hota

Jinki nazar mere muskurahat ke pichhe ke dard ko bhi
pehchaan leta

Yun sare aam mere zakhmo ki numaish na kar
Tere liye mere jazbaato ki ruswai na kar

Yun har dafa tu kisi aur ko apna banaya na kar
Aur apne dikhawe ko tu halat ka kasoorwar na thehraya
kar

Ye jo tum muskurakar mere naadaniyon ka gala ghont
rahe ho

Ye koi sazish hai ya hume bhi apni tarah
bana rahe ho

Mera sheher chhota zaroor tha
Dil toot ke bikhda zaroor tha
Par mera hosla buland tha

Agar uske har galtiyon par muskurakar usse maaf kar
diya hota
To iss zindagi me aage chal kar humne

kabhi khud ko hi kho diya hota

Kuch tootne ki awaaz ayi to murkar dekha
Tumse pyaar karne ki rah me mai apna dil qurbaan kar
baithi

Jis insaan ne apne pyaar se meri buri adaatein badli
Aaj ussi insaan ne pyaar ko dekhne ka

mera nazariya hi badal dala

Wahi log hamare zakhmo ko aur bhi gehra kr dete hai
Jinke ghao par aksar marham hum hi lagaya karte the

Tumhe do pal ke liye khud se dur kya kiya
Tumne to kisi aur ko taumra ke liye apne
baahon me hi bhar liya

Agar ishq ka asli chehra hume ayine me dikh jata
To na jane kitne dil tootne se pehle hi bach jate

Hum yahan tumhare bikhde yaadon ko simat te rahe
Aur tum wahan kisi aur ke zulfon me
ulajhte chale gaye

Jis shaks ke samne mai khul kar royi thi
Aaj ussi ne poore sheher bhar me mere jazbaato ka
mazak udaya

Zindagi me aye huye tamam pareshaniyo ko maine
bohot kareeb se dekha hai

Aur rab ka inteham samajh kar maine
sab kuch haste huye apnaya hai

Haath thaamna kisi ke liye zindagi bhar saath nibhana
hota hai
To kisi ke liye to bass kisi ke jism pane ka rasta hota hai

Apne har baat ko usne mujh par thopa
Par jab taumra ke liye mera haath pakad

ne ki baat ayi to usne pichhe murna behtar samjha

Mann ki dukh likh kar bayan karti hoon mai
Aur sab shayeri samajh kar wah wah karte to hai zaroor
par andar hi andar toot kar bikhar jati hoon mai

Khush hoon iss baat se ki hum mile to the
Ab ek nahi ho paye to kya par kuch pal saath to the
Hum anjaan se jaan fir anjaan ban gaye
Aur iss duniya ke khel me ab tum bhi ek pakke khiladi
ban gaye

Paisa pyaar ko badal sakta hai mere iss shaq ko yakeen
me badal gaya koi
Khud haste huye mujhe hamesha ke liye rula ke gaya koi
Mere andar jazbaato ka ek bhayanak bawandar le aya koi
Aur jab pata chala usse iss baat ka to
apne bahane se mujhe behlane aya wahi

Uske har jhoot ko samajh kar bhi nazar andaaz kiya apne
pyaar ke khatir
To bewakuf samajhne laga wo mujhko
Uske baaton me aane ka bass dikhawa kiya
To har pal apni baaton se behlane laga wo mujhko
Usse apni zindagi ka ek bada sa hissa mana
To iss baat pe wo tadpana chaha mujhko
Aur uss par khud se bhi zyada bharosa
karne par
Ek din kisi aur ke baahon me wo mila mujhko

Tu uss dard me kabhi zindagi na guzare
Jis dard me maine guzara tha kisi din
Tu har wo aansu kabhi na bahaye
Jo maine bahaya tha kisi din
Tu apne har sapno ko kabhi toot kar bikhadte na dekhe
Jaise kabhi maine dekha tha kisi din
Tu uss tanhai me kabhi khud ko na paye
Jahan maine khud ko paya tha ek din

Mere jazbaato ka yakeen tujhe dila na saki
Dekh kar tujhe kisi aur ke sang wo pal mai bardasht na
kar saki

Teri tarah hamare sab yaadon ko apne dil se mita na saki
Apne beete huye kal ko bhulane ke liye mai kisi aur ko
apna na bana saki

Ek rishta hai hamare beech iss baat se aaj wo mukar gaya
Apne kiye huye har waade ko pura karne se wo pichhe
hatt gaya

Mere jazbaato ko usne apne pairo tale kuchal diya
Kisi aur ke saath behtar zindagi bitane ki soch me
Mere saath bitaya hua har pal usne bhula diya

Jise meri zindagi ka ek hissa banna tha
Wo to bass mere khayalo ka ek hissa ban reh gaya

Yun pyaara sa dil wala ek shaks na jane kaise itna zalim
ban gaya
Apne hi pyaar ko usne usike yaad me har pal tadapne
diya

Har pal mujhe toot kr bikhadne diya
Dur khade mere dushmano ki tarah bass dekhta gaya

Jise meri zindagi ka ek hissa banna tha
Wo to bass ab mere khayalo ka ek hissa ban reh gaya

Har pal mujhe pagalo ki tarah rula te chala gaya

Toota hua dil chubhta zaroor hai
Kisi apne ki yaad me wo har dafa rota zaroor hai

Usse dilo jaan se pukarta zaroor hai
Aur jab jawab na mile to firse ye dil toot kr bikhadhta
zaroor hai

Uska jana pehchana chehra bhi ab mujhe anjana sa lagne
laga hai
Mere pass rehke bhi wo mujhse koso dur rehne laga hai

Mere jazbaat aur pyaar ko wo har dafa thukrane laga hai
Lagta hai wo kisi aur ko apni baahon me
bharne laga hai

Tu meri hai aur mai tera hu ye baat kehte kehte bhi wo
palat gaya
Jo kal jaan thi uski aaj usike saamne wo anjaan ban guzar
gaya

Jo kabhi meri saari pareshaniyo ko mita dene ki baat
karta tha aaj wahi meri saari pareshaniyo ka wajah ban
gaya

Aur jo karta tha waada mera humsafar banne ka aaj wahi
mehez ek yaad ban mere zahan me reh gaya

Waqt bhi sharma gaya uska badalta kirdar dekh
Ishq bhi darr gaya uske aankho me ajeeb sa nasha dekh

Apne badle ki aag me nikla tha wo pura sheher jalane
Par jhulas k reh gaya wo apne hi galat soch ki raah me

Haa chhor diya hai maine zidd uss adhuri kahani ko puri karne ki

Ek nayi shuruwaat ki hai maine mere tadapti rooh ko sukoon dene ki

Chale the kuch log mere khushiyon ka janaza uthane

Par waqt rehte khuda ne sab sambhal liya

Tumhare diye har zakhm ko to maine seh liya
Par kya mere diye ek bhi zakhm tum seh paoge

Tumhe kisi aur ka hote dekh maine muskurate huye
zindagi jiya hai
Par kya tum bhi mujhe kisi aur ka hote dekh
itminan se jee paoge

Rishta toot gaya par mai yakeen na kar saki

Wo hasta hua chala gaya par mai khud ko sambhal na saki

Rishta to nafrat karne wala ban gaya hai

Tumne to ba - khubi nibhayi par mai to ek pal k liye bhi
na kar payi